Mit Bildern von
Martina Matos

Diana Amft
Die kleine Spinne Widerlich
Ferien auf dem Bauernhof

CARLSEN

Es ist ein gemütlicher warmer Sommerabend und
die kleine Spinne sitzt mit ihrer Mama und
ihrem Papa beim Abendessen. Sie ist ganz aufgeregt,
denn morgen reisen sie zu einem Bauernhof.
»Und? Freust du dich schon auf die vielen Tiere?«, fragt Mama neugierig.
»Oh ja, sehr!«, antwortet die kleine Spinne. »Am meisten
freue ich mich auf die Hund-Katzen-Kuh.«
»Eine Hund-Katzen-Kuh? Was soll das denn sein?«, wundert sich Papa.
»Es gibt zwar Hunde, Katzen und Kühe, aber ich habe
noch nie von einer Hund-Katzen-Kuh gehört.«
»Ich weiß«, lächelt die kleine Spinne,
»aber sie würde sicher
lustig aussehen.«

Am nächsten Morgen ist es so weit.
Die kleine Spinne packt noch eifrig ihre Gummistiefel in den Bollerwagen, und schon kann es losgehen.
Alle ihre Freunde sind gekommen, um ihr eine gute Reise zu wünschen: Mucki, Bella, Miro, Niesi, Punki, Tante Igitte und Onkel Langbein. Oma Erna hat sogar einen leckeren Streuselkuchen für sie gebacken und sagt liebevoll:
»Ich wünsche euch viel Spaß. Und denk immer daran, meine kleine Spinne: Wir können jederzeit und überall unser Netz bauen. Das ist das Tolle an uns Spinnen. Wenn es uns irgendwo gefällt, können wir einfach dableiben.«

Nach einer wunderschönen Reise über Wiesen und Felder sind sie nun endlich auf dem Bauernhof angekommen. Voller Freude erwartet sie bereits der Hofhund Fritz.
»Wau, wau, herzlich willkommen«, begrüßt er sie bellend. »Schön, dass ihr da seid. Kommt, ich zeig euch alles, wau, wau!«
»Geh du nur schon mit, kleine Spinne. Papa und ich suchen uns erst mal einen schönen Platz für unser Netz«, sagt Mama und lächelt der kleinen Spinne zu. Diese schlüpft freudig in ihre Gummistiefel. Gemeinsam mit Hofhund Fritz macht sie sich auf den Weg zum großen Kuhstall.

»Hier wohnen die Kühe mit ihren Kälbchen«,
berichtet der Hofhund Fritz.
»Muh, guten Tag, kleine Spinne«, wird sie auch schon freundlich begrüßt.
»Guten Tag«, antwortet die kleine Spinne. »Stimmt es,
dass ihr Milch geben könnt?«, fragt sie neugierig.
»Oh ja«, sagt die Kuh stolz. »In unseren Eutern sammelt sich
Milch, und an unseren vier Zitzen werden wir gemolken.
Da kommt die Milch dann raus.«
Die kleine Spinne staunt: »Tut euch Kühen
das Melken nicht weh?«
»Ach was, nein«, beruhigt sie die Kuh. »Es kitzelt nur
ein bisschen.« Da muss die kleine Spinne
ein wenig grinsen.
»Komm, wir gehen zu den
Schweinen«, bellt Fritz.

Die kleinen Ferkel suhlen sich im Schlamm und quietschen dabei vergnügt.
»Puh, hier riecht es aber schon ein wenig«, schmunzelt die kleine Spinne. »Und wie verschmiert sie sind. Jetzt weiß ich auch, warum mich Mama manchmal nach dem Spielen ›kleines Dreckschweinchen‹ nennt.«
»Meine Ferkel spielen aber nicht nur im Schlamm. Sie kühlen dabei auch ihre Haut und vertreiben die Insekten«, grunzt der Eber. »Den getrockneten Schlamm reiben sie dann an einem Pfahl wieder ab. Es ist unsere Art, uns zu waschen, grunz, grunz.«

»Man kann sich mit Dreck waschen? Das finde ich lustig«, freut sich die kleine Spinne und macht sich fröhlich weiter auf den Weg zu ihren Eltern.

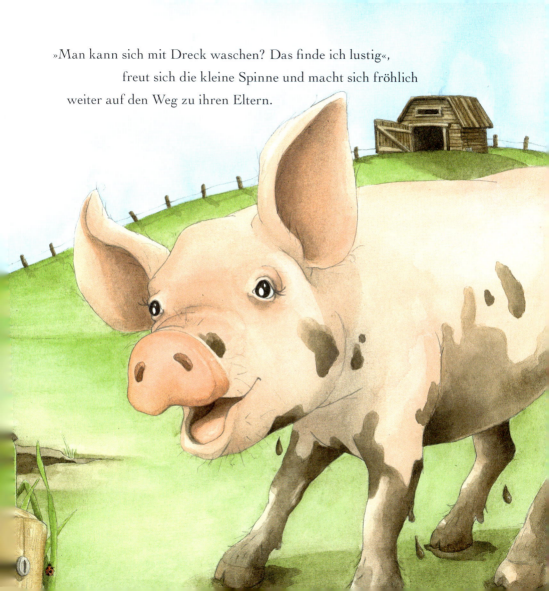

Mama und Papa haben ihr Netz auf dem Heuboden des Hofes gesponnen.
»Das ist ja ein toller Ort!«, ruft die kleine Spinne begeistert.
»Aber das Gras hier sieht nicht mehr so frisch aus«, wundert sie sich etwas.
»Ist es auch nicht. Es ist getrocknetes Gras. Man nennt es Heu, und die Tiere fressen es gern. Man kann aber auch wunderbar darin spielen. Komm, mach mit! Ich heiße Farin, und das sind meine Geschwister Finn und Fee.« Gemeinsam toben sie noch eine Weile im Heu und haben jede Menge Spaß, bis sie am Abend ganz müde und glücklich in ihre Netze krabbeln.

»Ki-ke-ri-ki, Ki-ke-ri-ki«, kräht der Hahn am frühen Morgen.
Die kleine Spinne macht sich sofort auf den Weg. Sie möchte sich
das Tier genauer anschauen, das da so einen Lärm veranstaltet.
»Du bist aber früh wach«, sagt die kleine Spinne noch ein wenig verschlafen.
»Ja, das kann man wohl sagen, und das sogar jeden Morgen«, antwortet
der Hahn stolz. »Jeden Morgen?«, fragt die kleine Spinne erstaunt.
»Oh ja, jeden Morgen kurz vor Sonnenaufgang krähe ich, um allen
auf dem Hof mitzuteilen, dass der Tag beginnt.«

Langsam werden auch die Hühner mit ihren Küken munter und machen sich gackernd auf Futtersuche.
Die kleine Spinne ist nun gar nicht mehr müde und möchte weiter den Bauernhof erkunden.

Auf einem Stacheldrahtzaun entdeckt sie eine fröhlich
singende Spinne, die auf einer Gitarre spielt. »Guten Morgen, du bist ja
auch schon so früh wach«, begrüßt die kleine Spinne den Fremden.
»Der Tag ist ja auch viel zu schön, um ihn zu verschlafen.
Ich bin Hippi«, stellt sich die heitere Spinne vor und plappert
fröhlich weiter: »Ich wohne hier bei

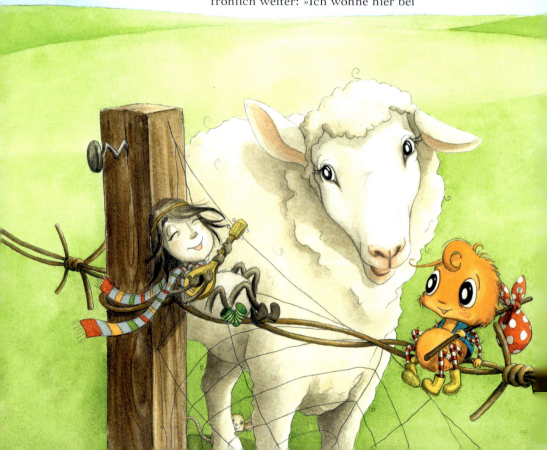

den Schafen und ihren Lämmchen. Schau dir mal meinen Schal an, der ist aus der Wolle der Schafe gestrickt. Möchtest du mit mir frühstücken? Es gibt Schafsmilch und Schafskäse.«

Die kleine Spinne nimmt dankend an und krabbelt nach dem leckeren Frühstück weiter zu einer großen Koppel.

»Guten Morgen, wer seid ihr denn?«, fragt die kleine Spinne neugierig. »I-aaah, wir sind Pferde«, antwortet der Esel.
»Das stimmt nicht, du bist ein Esel«, sagt das Pferd.
»Also gut, meine Ohren sind etwas größer, und ich habe keine lange Mähne, sondern kurze Stoppelhaare, aber ansonsten gehöre ich zur Familie der Pferde«, entgegnet der Esel stolz.
»Oh ja, du siehst tatsächlich ein wenig anders aus«, stellt die kleine Spinne fest. »Aber wir sehen ja alle etwas anders aus. Gerade das macht uns besonders und einzigartig.«
Da lächeln alle zufrieden, und die kleine Spinne macht sich weiter auf den Weg zu den großen Wiesen und Feldern.

Die kleine Spinne bleibt staunend vor einem voll beladenen Anhänger stehen. »Servus, ich bin der Sepp«, wird sie von einer gut gelaunten Spinne begrüßt. »Das ist alles Getreide auf dem Anhänger. Daraus macht man Mehl.«
»Aus Mehl backt meine Oma immer ihren leckeren Streuselkuchen!«, sprudelt es aus der kleinen Spinne heraus. Sepp denkt kurz nach und sagt: »Ja, genau. Oder auch Brot. Das Ernten der Felder übernehmen große Maschinen wie der Traktor und der Mähdrescher.«

»Das ist so toll, was es hier alles zu entdecken gibt«, schwärmt die kleine Spinne. »Kommst du mit? Ich möchte gerne ein Erinnerungsfoto für meine Freunde machen.«

Am großen Zaun haben sich alle Tiere für ein Foto versammelt. Auch ein neues Tier ist dazugekommen.
»Wer bist du denn?«, fragt die kleine Spinne neugierig.
»Miau, ich bin Minu, die Katze«, antwortet die Katze freundlich.
»Ich bin immer viel unterwegs und streife durch die Felder. Aber am liebsten bin ich hier auf dem Hof bei den anderen Tieren.«

»Ach, wie schön.
Ich kann es kaum erwarten,
meinen Freunden von euch zu erzählen.
Aber bis es so weit ist, schicke ich
ihnen eine Postkarte. Und ich weiß auch
schon genau, was ich schreiben werde«,
strahlt die kleine Spinne.

Auf dem Bauernhof ist es supertoll und aufregend. Ich habe schon ganz viele Tiere kennengelernt. Hier wohnen auch noch andere Spinnen, mit denen ich prima spielen kann. Ich freue mich schon sehr, euch bald wiederzusehen. Vielleicht erleben wir ja das nächste Abenteuer zusammen.
 Bis bald,
 eure kleine Spinne Widerlich